Les guides Complices

Marre de mes complexes !

Chloé Rémiat

MILAN jeunesse

Sommaire

Dans la même collection :

Handicap, même pas peur !
Je suis bien dans mon assiette !
Mes parents disent non à tout !
Moi aussi, je réussis en classe !
Mon ordi, Internet... et moi !
Parents séparés : et moi, alors ?
Vivre avec un parent malade

300, rue Léon-Joulin, 31101 Toulouse Cedex 9 – France

Loi 49-956 du 16-07-1949 sur les publications destinées à la jeunesse.
Dépôt légal : 1er trimestre 2008
ISBN : 978-2-7459-2732-3
Imprimé en France par Pollina - L43525 B

Un complexe, c'est quoi?

C'est un sentiment d'infériorité qui fait que tu te sens moins bien que les autres, et que tu manques de confiance en toi, surtout que tu es sûrement très timide et que tu n'oses pas en parler.

Dans ce guide, tu vas trouver des solutions pour mettre fin à cette situation douloureuse. Rassure-toi, des complexes, on en a tous à un moment ou à un autre ; ils forment comme une étape sur le chemin de la vie. Ce qui est important, c'est de ne pas s'y attarder trop longtemps.
Dans certains cas, tu comprends d'où viennent tes complexes :
- tu n'aimes pas ton corps ;
- ton esprit n'est pas aussi brillant que tu le voudrais ;
- ta famille te préoccupe et même te fait honte ;
- tu as du mal à trouver ta place dans un groupe de copains.

Mais il arrive aussi que tu te sentes mal sans bien comprendre pourquoi.
Tu as essayé de changer les choses sans grand succès ?
Tourne les pages, tu trouveras, c'est sûr, un conseil qui t'aidera à être mieux dans tes baskets !

Alors, minus, t'as encore raté la balle !
Ce n'est pas parce que je suis petit que je suis nul !
Maman, je veux plus aller au foot... Ils se moquent tous de moi !
Allez, mon chéri, courage ! Tu pourras faire tes preuves lors du match, samedi.

CHAPITRE 1

Je suis mal dans ma peau

4 préadolescents sur 5 sont dans ton cas :
22 % trouvent que ça peut aller ;
27 % pensent qu'ils pourraient être mieux ;
20 % redoutent le regard des autres ;
31 % sont hypercomplexés.

Les raisons les plus fréquentes de ce malaise sont liées à des différences physiques parce que, à ton âge, on croit souvent que l'important, c'est d'être au moins comme tout le monde ou, plus dur encore, de ressembler à des top-modèles parfaits. Heureusement que la Terre n'est pas peuplée de poupées Barbie ou de Ken. Si on se ressemblait tous, comment pourrait-on se reconnaître, être attiré par l'un plutôt que par un autre ? Réjouis-toi de tes particularités, ne les subis pas, tu verras que c'est en les utilisant que tu deviendras une personne qu'on remarque. Tu es petit et tu rêves de jouer au foot ? Travaille bien ta technique, et tu pourras faire autant d'étincelles sur le terrain que Lizarazu comme n° 2 de ton équipe !

Trop lourd ?

• Un régime, tu es sûr ?

Tes parents, tes amis t'ont sans doute déjà dit que c'était une question de volonté, et c'est en partie vrai. Or, la volonté, c'est comme un muscle : il faut la faire travailler pour qu'elle devienne forte. Mais attention ! Ne commence jamais un régime seul : prends conseil auprès d'adultes compétents et sache que le régime miracle n'existe pas.

• Pas coupable !

Et puis, il y a des familles où l'on est plus facilement gros que dans d'autres. Pourtant, il ne faut pas que cela devienne un prétexte pour manger tout et n'importe quoi n'importe quand. Mange équilibré, fais du sport, et tu te sentiras mieux ! Parfois, des problèmes de poids peuvent survenir à un moment de ta vie où tu es perturbé : par un déménagement ou un décès. Rien ne change dans ton alimentation, et pourtant tu grossis. L'important, alors, c'est que tu comprennes que tu traverses un moment difficile et que tout rentrera dans l'ordre si tu gardes le moral.

• Sois plus intelligent qu'eux !

« Patate », « grosse vache », « espèce de thon ». Bien sûr, être traité de ces horribles surnoms te met en colère. Évite pourtant de réagir ainsi car, en général, ça fait rigoler celui qui s'est moqué de toi. C'est parce qu'elles ont de l'effet sur toi que les attaques sont répétées ; elles cesseront très vite si tu fais comme si elles ne t'atteignaient pas. Et puis, il y a sûrement des éléments de ta personnalité que tu aimes : tu chantes juste, tu as un mignon petit nez, tu as une bonne mémoire. Pense à tes atouts le plus souvent possible car, si tu es bien dans ta peau, les critiques de tes copains ne te toucheront plus.

Trop maigre ?

• Sac d'os !

Tu as l'impression d'être transparent et de ressembler à un manche à balai déguisé dès que tu t'habilles. Ce qui t'aidera sûrement, c'est de te mettre à faire du sport car ton alimentation n'a pas forcément à voir avec ton poids actuel. En revanche, l'activité physique stimulera ton appétit et, de toute façon, c'est bon pour développer ta musculature qui est en pleine transformation. Si tes muscles se renforcent, tu prendras du volume, et plus jamais on ne te traitera de sac d'os.

• Mensonges et magazines

S'il y a des gens trop maigres, ce sont bien les top-modèles qu'on te présente dans les magazines ou dans les publicités à la télé. Sache que, souvent, leur silhouette filiforme a un prix : leur santé… En plus, les photos sont souvent si retouchées que tu aurais du mal à les reconnaître dans la réalité. Alors arrête de te comparer à ces faux modèles et regarde ce qui va bien chez toi. Réjouis-toi d'avoir un corps en bonne santé et oublie tes boutons sur le nez !

Nabot ou asperge ?

• Au ras des pâquerettes

La puberté, tout le monde y a droit mais pas toujours au même âge. C'est ce qui explique les différences de tailles parmi tes copains. C'est toi le plus petit ? Dans certains cas, on pourra t'aider à prendre quelques centimètres. La première chose à faire, c'est un bilan médical qui déterminera ce qui est nécessaire pour aider ton corps à grandir. Demande à tes parents de consulter un pédiatre.
Si tout a été fait sur le plan médical, dis-toi que la taille n'a rien à voir avec l'intelligence ; beaucoup de petits réussissent à prendre leur revanche avec leur tête pour s'affirmer vis-à-vis des autres.

• Décroche la lune !

Grand Corps Malade, c'est un type immense qui, en plus, est handicapé. Il écrit des slams qui rencontrent un grand succès. Voilà quelqu'un qui a osé montrer ses différences pour les transformer en une occasion d'être admiré et respecté.
En revanche, si tu es le plus grand de la bande, on ne te rabotera pas les jambes… Toi aussi, transforme ta grande taille en atout dans ta vie de tous les jours : dans le sport ou en cueillant les cerises que personne ne peut attraper !

Ces petits détails qui te gâchent la vie

• Trop classe, tes lunettes !

Sais-tu que plus de 50 % des enfants portent des lunettes comme toi ? On fabrique de plus en plus de modèles différents : insiste pour aller choisir le modèle toi-même ; tu trouveras forcément une paire qui s'accorde bien à ta personnalité et te donne du style.
À celui qui vient t'agacer, réponds que, grâce à tes lunettes, tu reconnais plus facilement les imbéciles.

• Tu n'aimes pas tes cheveux

Tu aurais sans doute aimé qu'ils soient plats si tu es bouclé, bruns si tu es blond... Des cheveux orange, une peau très blanche et plein de taches de rousseur... Les rouquins ne sont pas très nombreux en France. Et alors ? Ne dit-on pas que ce qui est rare est précieux ? Quand tu seras un peu plus âgé, tu iras chez un coiffeur qui les arrangera comme tu le souhaites. De toute façon, qui peut dire si les cheveux raides seront toujours à la mode l'année prochaine ? Souviens-toi que, pour être bien dans ta peau, le plus simple, c'est de t'accommoder de ce que la nature t'a donné. Ne te prive pas d'utiliser les accessoires et le gel qu'il te faut pour te plaire !

• J'ai des boutons et la voix qui mue

Patience : ce sont des tracas bien de ton âge qui passent en grandissant... Pour l'heure, si tu en souffres trop, et que tu te laves soigneusement le visage matin et soir sans résultat, tes parents t'aideront à trouver un traitement adapté. Pour ta voix, évite seulement de chanter trop fort !

Le samedi suivant...
Nos adversaires sont vraiment trop forts ! Ils vont nous battre, c'est sûr...
Je vais leur montrer de quoi je suis capable.
Ouah ! Il est petit mais rapide, celui-là !
Il me passe sous le nez !
VIVE THÉO !
HIP, HIP, HIP, HOURRA !

MÉMO COMPLICE

Change le regard que tu portes sur toi, et le regard des autres changera aussi, en même temps que leur comportement à ton égard. Si tu te sens plus fort, ils oseront moins venir t'embêter. Chez tout le monde, il y a quelque chose qui n'est pas parfait. Si tu regardes seulement ce qui ne va pas, tu te rends malheureux, alors que si, au contraire, tu mets en valeur ce qui va bien, à tes yeux d'abord et à ceux des autres ensuite, ta vie va changer. Tu vas prendre confiance en toi, tu te sentiras mieux dans ta peau et, en plus, tu auras beaucoup plus d'énergie pour faire évoluer ce qui ne te plaît pas. Ce sera beaucoup plus facile, enfin, d'affronter les autres, la tête haute. Fier de toi.

• Entre nous • Entre nous • Entre nous •

Bravo, Hugo! Tu connais bien ta leçon.
Le lendemain, en cours de géographie...
Alors, qui a la réponse ?
Moi !
Moi !
Je n'ose pas répondre... Si jamais je me trompe...
Mais c'est quoi cette note de vie scolaire, Hugo ?! En général, tu connais très bien tes leçons, pourtant...

CHAPITRE 2

Au collège, ce n'est pas le pied !

Tu passes beaucoup de temps à l'école ou au collège, c'est une part très importante de ta vie. Si tu souffres de complexes, c'est sûrement là que tu les ressentiras le plus douloureusement parce que les copains ne te feront pas de cadeau. Ils iront t'agacer là où ça fait mal. Ne cherche pas à éviter les problèmes en te mettant dans ton coin. La vie en collectivité c'est difficile à apprendre, mais il est nécessaire que tu t'y adaptes le mieux possible car, tu te trouveras toujours confronté à des groupes (dans ta scolarité, pendant les activités en dehors de l'école, avec tes copains et les copains de tes copains, au bureau dans ta vie professionnelle, etc.)

En classe

• Ensemble, c'est mieux!

Tu as l'impression d'être toujours à la traîne. Les autres semblent avoir toujours fini quand toi tu es encore en train de lire l'énoncé de l'exercice. Pour retrouver confiance en toi et en tes capacités, la première chose à améliorer, c'est ta concentration. Si tu es attentif pendant les cours, tu auras déjà fait la moitié du boulot. Sinon, il te faudra travailler deux fois plus à la maison et tu ne seras pas aidé par le groupe : c'est plus difficile de se concentrer tout seul. Tu peux aussi travailler avec un copain qui réussit bien ; il te montrera comment il fait. Pour apprendre à jouer au tennis, tu regardes comment font les champions ; fais pareil au collège.

• Tiens bon!

Quand on se décourage dans une matière en particulier, c'est parfois parce qu'on croit que le prof ne nous aime pas. Tu n'arrives pas à être le meilleur, alors tu décides d'être le plus nul? Cela s'appelle une réaction d'orgueil. Au lieu de dire que ça ne t'intéresse pas, accroche-toi car, si tu ne fais pas d'efforts, l'écart va se creuser et tu ne pourras plus rattraper le niveau.

• Tu vis mal ton redoublement

Bien sûr, ce serait mieux d'avoir le même âge que les autres et tu sens que tu n'as pas les mêmes envies que les autres. Garde en tête qu'un redoublement t'aidera à rattraper ton retard. Quand tu seras devenu adulte, cela n'aura plus aucune importance. Redoubler n'est pas grave si tu en profites pour combler tes lacunes et repartir d'un bon pied. Et profite d'être un peu plus mûr pour partager ton expérience avec les autres!

Dans la cour

• Tu ne te sens pas aimé

Tu voudrais que tout le monde recherche ta compagnie, être aimé de tous. Rien de plus normal ! Si tu veux être apprécié des autres, le mieux c'est d'être naturel et sincère, de dire ce que tu penses et de faire ce que tu dis. Si tes copains peuvent compter sur toi, c'est une chose très importante pour conquérir leur amitié. Mais il faut aussi que tu saches que, de toute façon, tu ne pourras pas plaire à tout le monde.

• On te traite d'intello

On se moque de toi, on te traite de chouchou. Les autres pensent qu'il n'y a que le boulot qui compte pour toi. Tu peux être doué sur le plan scolaire, sans être pour autant respecté par ton entourage. Les autres envient tes facilités à réussir et en sont jaloux. Pour améliorer vos relations, montre que tu es resté modeste en aidant les copains à comprendre ce que tu as compris facilement… Tu seras certainement heureux de rendre service, et ton entourage changera d'attitude à ton égard.

Tu préfères rester au vestiaire

Ton rêve, c'est te faire dispenser à vie des cours de sport. Tu détestes ces tenues ridicules, te déshabiller devant tout le monde, et, de toute façon, tu es nul !

• Retrouve confiance

Commence par chercher, parmi toutes celles qui existent, une activité sportive qui te plaise : le vélo, la natation, le ski, la danse, la gymnastique, la course ou même la marche à pied. Au début, choisis un sport que tu pratiqueras seul pour éviter les moqueries des autres. Et si tu essaies un sport collectif, choisis une équipe débutante : tu y trouveras plus facilement ta place.

• Le plus dur, c'est de s'y mettre

Il faudra faire beaucoup d'efforts pour de tout petits résultats. Si tu ne perds pas confiance tu y arriveras. Ne mets pas la barre trop haut, fixe-toi des objectifs raisonnables et progressifs. Tu peux aussi demander à tes copains qui sont très sportifs de te parler du bonheur qu'ils y trouvent. Après un effort physique ton corps fabrique des produits qui te donnent du plaisir. On les appelle des « endorphines ». C'est ce qui entretient l'envie de continuer. Il faut que tu réussisses à en fabriquer suffisamment pour le ressentir. Après, fini la corvée du sport ; ce sera un vrai plaisir.

L'angoisse de la piscine

Tu es en maillot de bain et, là, tu ne peux rien cacher. Si ton apparence te donne des complexes, le cours de natation sera une épreuve terrible.

• Du côté des filles

Tu es brune et tes poils se voient. Surtout, ne les rase pas : ils repousseraient très vite et plus fort. Au début, décolore-les avec de l'eau oxygénée ; quand tu seras plus grande tu pourras les épiler. Ta poitrine naissante à laquelle tu n'es pas habituée te gêne. C'est normal : il faut que ta tête accepte la transformation de ton corps, et cela prendra du temps. À l'inverse, si tu as l'impression que ta poitrine ne pousse pas assez vite par rapport à celle de tes copines, c'est que tu as besoin de plus de temps pour grandir et te développer. En tout cas, ne laisse pas les réflexions des autres t'atteindre trop profondément.

• Du côté des garçons

Souvent, à ton âge, on n'est pas très musclé mais, si tu ne te trouves pas assez costaud et que cela te complexe, alors remue-toi, fais du sport, et ça viendra vite. La douche est l'occasion de montrer qu'on est un homme ! Si tu n'as pas de poils et que les autres en rigolent, rappelle-leur que des sportifs très musclés comme les champions de natation n'ont pas de poils du tout ! Ils changeront d'avis… Quant à la taille de ton sexe, c'est comme pour les seins des filles : tout dépend de l'âge auquel tu commences ta puberté. Les copains pourront aussi voir que ton zizi est circoncis. Ça veut dire que la peau qui recouvre ton gland, le prépuce, a été enlevée. Si tu es juif ou musulman, tu sais que c'est une opération faite par les religieux. Mais tu peux aussi avoir eu un phimosis : c'est quand le prépuce ne laisse pas sortir le gland et que le chirurgien doit l'enlever.

La semaine suivante...
De quelle région du monde viennent les Incas?
Allez, un petit effort!... Pas de volontaires pour cette fois?
Bon, je me lance!
Oui, Hugo?
L'empire Inca se trouvait en Amérique du Sud. Sa capitale était Cuzco.
Dis-moi, tu en connais un rayon! Ça te dirait de faire un exposé?
D'accord, monsieur.
Et moi, je voudrais le faire avec lui!
Chez Hugo...
Et voilà pourquoi l'Empire inca s'est effondré.
Ouah! T'es trop fort!

MÉMO COMPLICE

Affirme-toi. Ne laisse pas les autres
te marcher sur les pieds, mais ne sois pas
non plus trop susceptible. Fais-toi,
tout simplement, respecter !
Sans doute, tu n'y arriveras pas du jour au lendemain :
tu auras parfois l'impression de fournir beaucoup d'efforts
sans que ça change quoi que ce soit. Surtout, ne baisse jamais
les bras. Car, si tu te décourages, la montagne te paraîtra
encore plus haute ! La règle d'or c'est de s'accrocher :
les résultats que tu obtiendras te redonneront confiance
et tu pourras repartir du bon pied.
Et surtout, ne reste pas seul avec tes soucis. Si tu as du mal
à t'en sortir, parles-en à tes copains, ils ont peut-être
eux aussi traversé les mêmes galères. Ils pourront alors
te proposer leurs solutions. N'oublie jamais
que les adultes autour de toi ont été des enfants :
tu peux parler à ceux dont tu te sens le plus
proche et solliciter leurs conseils.

• Entre nous • Entre nous • Entre nous •

Salut Julia ! Tu vas voir, il y a de l'ambiance !
Tu viens, on va danser ?
Oui, oui... Plus tard...
Trop la honte ! Je ne sais pas danser ça, moi !
Tu danses, Julia ?
Euh... Non merci, c'est gentil...
J'aimerais bien mais j'ose pas.

CHAPITRE 3

Dur, dur, la vie en groupe

C'est l'occasion de se fabriquer plein de complexes. La place que tu occupes dans le groupe des jeunes de ton âge est très importante. Quand tu es respecté par ton entourage, tu es épanoui, c'est bon de te sentir aimé… Mais que c'est dur ! Un jour, tout va bien, et le lendemain, rien ne va plus. La reconnaissance des autres, c'est très important ; et tu penses que pour cela il faut que tu sois parfait, super beau, super intelligent, et le plus populaire en classe et dans la cour.

Dans ton coin

• Timide, toi ?

Ce n'est pas génial pour entrer en contact avec les autres. Tu penses que tu es moins bien qu'eux et que, si tu passes inaperçu, ça ira mieux. À la dernière fête, tu es resté dans ton coin, incapable de te lancer sur la piste de danse.
Pourtant, le premier pas est difficile. Après, ça vient tout seul. De toute façon, en grandissant, on a plus confiance en soi.
Tu peux quand même déjà essayer quelques trucs : inscris-toi à des activités de groupe (théâtre, musique, danse), force-toi à demander l'heure ou ton chemin à un inconnu dans la rue, donne ton avis dans les discussions du soir à table, prends des responsabilités à l'école... Ainsi, tu apprendras à t'exprimer avec naturel et sincérité...

• Rouge comme une tomate

Dès que tu ressens une émotion un peu forte ou que l'on se moque de toi, tu as l'impression de devenir tout rouge. Quand cela t'arrive en cours, cela te gêne encore plus. Rien de grave néanmoins : quand tu rougis, tu ne fais qu'exprimer ton stress. Et c'est surtout toi que cela embarrasse !
Pour t'habituer à parler en public, commence par te faire une place dans un petit groupe en qui tu as confiance ; ensuite, tu pourras parler devant toute la classe sans avoir peur. Tu peux aussi éviter de regarder les gens dans les yeux et viser le haut de leur front ; c'est moins intimidant...

Quel caractère !

• Tu écrases tout le monde

Parfois, pour cacher qu'on se sent moins bien que les autres, on veut montrer qu'on est le plus beau, le plus fort et le plus intelligent. C'est ce qu'on appelle un complexe de supériorité. Et, en général, les autres rejettent ceux qui passent leur temps à dire qu'ils sont les meilleurs. En fait, si tu regardes au fond de toi, tu verras que tout ça n'est qu'une façade. Derrière, il y a une personne fragile qui n'a pas vraiment confiance en elle. C'est en t'acceptant que tu arriveras à te faire aimer comme tu es. Mets en avant tes qualités, certes, mais discrètement, tout en te disant que tes copains t'aiment aussi avec tes défauts. Sois vrai, ça ira mieux !

• Maîtrise ta colère

Tu te sens agressé par ton entourage qui se moque de toi. Comme tu réagis au quart de tour et que ça les fait rigoler, ils insistent un peu plus. Tu essaies de te contenir, mais ça ne peut pas durer bien longtemps, et tu exploses dans des colères terribles. Résultat : tu te retrouves encore plus seul et plus malheureux. Quand la colère monte en toi, pense à une chose agréable ou défoule-toi en allant courir très vite dans le jardin.

Au collège, je n'arrive pas à être sérieux et je fais rire tout le monde en classe. Le problème, c'est que je me fais souvent punir. Mais je ne peux pas m'empêcher de le faire. Ce n'est pas de ma faute !

Saïd, 11 ans

Pas ta faute ? Vraiment ? L'essentiel, c'est que tu aies envie de changer. Parce que choisir l'humour comme moyen d'être apprécié par les autres, c'est une bonne idée, mais si ça t'apporte plus de problèmes que de satisfactions, tu dois trouver autre chose. En classe, mets-toi seul et juste devant le prof, c'est très efficace. Choisis le bon moment pour faire le clown en public.

Vivre avec les autres

• Se faire des copains

Premier jour de colo ! Tu t'es décidé à sortir de ta coquille ! Prends ton courage à deux mains et songe que tous les autres sont comme toi, éloignés de leur famille et de leurs copains habituels. Ils seront ravis que tu fasses le premier pas. Redresse-toi, affiche un grand sourire, choisis de t'adresser à quelqu'un qui, tu ne sais pas bien pourquoi, a l'air sympa, et lance-toi : « Tu t'appelles comment ? Tu viens d'où ? C'est la première fois que tu pars en colo ? » Et voilà, c'est parti. Les liens sont noués, et vous allez partager de super-moments ! S'il ne devient pas ton meilleur ami, au moins, tu te sentiras moins seul.

• Apprends à dire non

Il peut arriver que, pour plaire à tout le monde, on fasse des choses qui ne nous plaisent pas. On a alors parfois le sentiment que les autres abusent de notre gentillesse. Or, quand tu dis non à quelqu'un, tu t'attires son respect. Surtout si tu lui dis avec le sourire, sans être agressif. Affirme-toi, et tu auras la reconnaissance que tu mérites !

Sois toi-même

• Trouve ton style

Tes parents n'ont pas les moyens de t'acheter des chaussures ou des habits de marque. Tu es obligé de porter les vêtements que tes frères ou tes sœurs ont portés avant toi. Tu te sens looké comme un pauvre et parfois tu en as honte.

Tu sais, pour trouver ton style, pas besoin de grandes marques : grâce à des idées toutes simples, en customisant un vieux jean par exemple, tu peux adapter ta garde-robe à tes envies. Suis tes propres idées, et tu seras, c'est sûr, à l'aise dans tes vêtements !

Pour avoir un peu d'argent à toi, tu peux proposer à ton voisin de lui laver sa voiture ou de lui donner un coup de main dans l'entretien de son jardin ; le plaisir que tu auras à dépenser ton argent sera encore plus grand que si tu l'avais reçu sans rien faire.

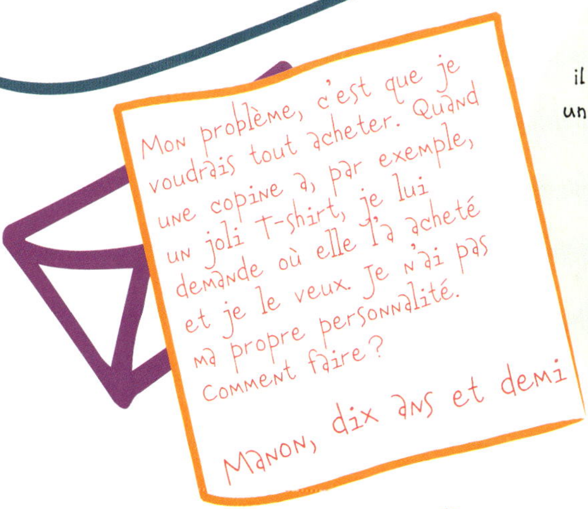

Laisse ta personnalité s'exprimer : pour cela, il te faut simplement prendre un peu plus d'assurance, suivre tes goûts et faire confiance en ta capacité à faire des choix. Si tu prends le temps de chercher ce qui te plaît vraiment, tu auras beaucoup moins envie d'acheter plein de choses car tu auras choisi ce qui te satisfait vraiment.

Ah, ça c'est pour Julia : elle fait du hip-hop !
Dis donc, Julia, tu nous montres comment on danse le hip-hop ?
Oui, apprends-nous une chorégraphie facile !
Ouah, elle assure !
Trop cool, cette fête, finalement !

MÉMO COMPLICE

Tu construis ton identité par rapport aux autres, avec eux et contre eux. Il est naturel que tu cherches à ressembler aux personnes que tu admires : chacun a ses héros, qu'il a envie, plus ou moins secrètement, d'imiter. Bien sûr, c'est en prenant exemple sur les qualités de tes modèles que tu pourras te construire. Mais ne cherche pas à les cloner, c'est-à-dire à leur ressembler en tous points car tu y perdrais ton identité, ta personnalité, ce qui fait que tu es toi et pas un autre. Autre mission impossible : vouloir plaire à tout le monde. Alors sois toi-même, car c'est la meilleure façon de se faire aimer et respecter du plus grand nombre.

• Entre nous • Entre nous • Entre nous •

Vous vous mettrez par deux pour le travail sur la préhistoire.
On se retrouve chez toi mercredi pour préparer l'exposé ?
Euh... tu sais, chez moi c'est petit !
S'il te plaît, Safia ! Cette fois, pour changer, on va chez toi !
Bon... d'accord.
On ne va pas pouvoir se concentrer.
Ma famille est trop différente de la sienne. Je n'aurais pas dû l'inviter.

CHAPITRE 4

Ma famille me fait honte

Une famille, c'est un père, une mère, deux grands-pères, deux grand-mères, des frères, des sœurs, des oncles, des tantes, des cousins, des cousines, et pour qu'on dise qu'elle est « normale », il faut que tout le monde soit en bonne santé physique et morale. Tu en connais beaucoup, toi, des familles complètement normales ?
Il n'y a pas de famille idéale. Elle est toujours trop ou pas assez quelque chose : grande ou petite, accueillante ou « rejetante », protectrice ou laxiste, exigeante ou adepte du laisser-aller, pagaille ou ordonnée. Il y a toujours quelque chose qui ne va pas.

Drôle de famille !

• Tu vis seul avec ta mère

Ton père est parti avant ta naissance et ta mère t'élève toute seule ; tu te sens un Alien parmi tes copains et tes copines qui voient leurs deux parents tous les jours. Si ta mère a un copain, fais le maximum pour bien t'entendre avec lui. Sinon choisis un homme que tu apprécies dans ton entourage ; tu pourras te confier à lui et tu verras qu'il te rendra l'affection que tu lui donnes.

• Tes parents sont divorcés

En France, près de 1 couple sur 2 divorce. Cela ne te console pas forcément de le savoir mais c'est toujours meilleur pour le moral d'imaginer qu'on n'est pas seul à vivre une situation difficile. C'est vrai, ça complique beaucoup ta vie, surtout quand tu dois t'organiser pour aller chez ton autre parent. Et il n'est pas toujours évident de s'entendre avec un beau-père ou une belle-mère et leurs enfants… En général, avec le temps et beaucoup de bonne volonté, les choses finissent par s'arranger.

• Tu es fils ou fille unique

Tu te sens différent parce que tu es toujours seul à la maison et tu sens le regard de tes parents braqué sur toi en permanence. Demande-leur d'inviter régulièrement des copains chez toi ; ils pourront devenir des frères et sœurs de cœur.

Où sont tes racines ?

• Tu es un enfant adopté

Ça peut être un vrai complexe de ne pas vivre avec les personnes qui t'ont donné naissance. On a toujours envie de connaître ses racines. Si tu viens d'un pays étranger, demande à tes parents de te mettre en relation avec des gens qui en viennent. Tu peux aussi aller sur Internet chercher des infos sur ton pays de naissance et proposer de faire un exposé à l'école : les copains auront eux aussi le sentiment de mieux te connaître, ce qui peut faciliter vos relations. Si tu viens de France, tu peux interroger tes parents pour savoir s'ils connaissent ton histoire avant de t'avoir accueilli chez eux.

• Tu es étranger

Que tu sois bulgare, arabe, chinois ou même… parisien, si tu habites à Toulouse, c'est parfois la raison d'une mise à l'écart de la part de tes camarades qui ont du mal à accepter que tu sois différent d'eux. Surtout, ne ressens aucune honte et sois fier d'expliquer aux autres d'où tu viens. Le racisme est toujours le résultat de l'ignorance, qui, elle-même, peut provoquer de la peur et de la méchanceté.

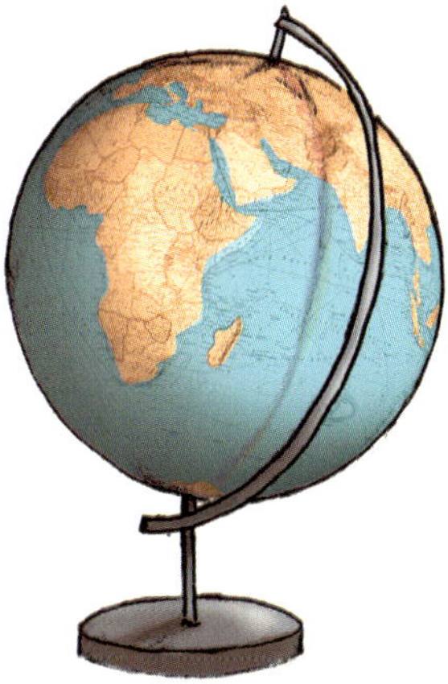

Tu as honte de ta famille

• Tes parents sont âgés

Tu ne veux pas qu'ils viennent te chercher à l'école de peur qu'on te demande si ce sont tes grands-parents. D'accord, tes parents ne sont plus tout jeunes mais est-ce que cela les empêche d'être les plus gentils parents du monde ? Si, par exemple, ton père est à la retraite, tu as la chance qu'il soit plus disponible pour toi et le reste de ta famille. Pense à tous ces pères qui rentrent une fois que leurs enfants sont au lit et qui partent le matin travailler sans même prendre le petit déjeuner avec leur famille !

• Tu ne te sens pas bien dans ta maison

Chez toi, c'est loin d'être comme chez les Sims : il n'y a pas de piscine, c'est tout petit et pas très bien rangé… Du coup, tu n'as pas envie d'inviter tes copains parce que tu crains qu'ils te jugent mal. Tu veux fêter ton anniversaire ? Demande à ta tante, qui a une maison avec un jardin, si tu peux le faire chez elle, ou au responsable de la MJC du quartier si tu peux utiliser sa salle. Propose à chacun d'apporter un gâteau ou une bouteille de jus d'orange et fais la fête !

• Le métier de tes parents te fait honte

Tes parents sont au chômage ou bien ils font un métier que les autres trouvent nul. Est-ce que tu crois vraiment que les copains ont le droit de juger la vie des adultes ? Qu'est-ce qui leur permet de dire ce qui est bien, ce qui n'est pas bien dans la vie ? Ont-ils choisi leurs propres parents ? Savent-ils déjà de quoi leur propre vie sera faite ? Autant de questions que tu peux leur poser lorsqu'ils te font des réflexions désagréables.

Petits et grands problèmes

• Relations difficiles

1re hypothèse : tu te sens trop couvé, parce que ta mère vient te chercher à l'école, que tu n'as jamais le droit d'aller dormir chez un copain, ou que, chaque fois que tu sors, elle te visse un bonnet de laine sur la tête. La honte ! Explique-lui avec un grand sourire que tu n'as plus cinq ans et que tu peux traverser la route sans qu'elle te donne la main. Montre-lui qu'elle peut te faire confiance, et elle lâchera la pression.
2e hypothèse : tes parents ne s'occupent pas assez de toi. Cherche dans ton entourage une personne adulte en qui tu as confiance. Si tu trouves quelqu'un de disponible qui cherche un fils ou une fille de cœur, vous pouvez vous faire beaucoup de bien l'un à l'autre.

• Secrets de famille

Ta famille a des secrets que tu n'aimes pas faire sortir de chez toi : ton père boit un peu trop, ton frère est autiste ou tes parents n'arrêtent pas de se disputer. Parfois, tu vois des choses qui te choquent et dont tu aimerais parler. Mais choisis bien ton confident. Ne dévoile que ce que tu veux dire à des personnes en qui tu as une confiance absolue. C'est très douloureux quand on entend parler quelqu'un, qui ne devrait pas être au courant, d'un sujet qui nous touche. Surtout si c'est pour s'en moquer.

Mes parents ne pensent qu'aux notes : ils veulent que je sois premier de ma classe ! Et dans toutes les matières ! C'est impossible !
Gaspard, 11 ans

Tes parents sont fiers quand tu réussis car ton succès est aussi un peu le leur… Mais si la pression est trop forte, n'hésite pas à leur dire. Et, le soir, à table par exemple, raconte-leur ta journée pour leur montrer qu'il n'y a pas que les notes qui comptent dans ta vie de collégien.

Le mercredi, chez Safia
Salut !
Ouah ! C'est joli chez toi !
Viens ! Ma mère nous a préparé le goûter.
T'as de la chance d'avoir ta maman à la maison !

MÉMO COMPLICE

La famille, ça compte énormément. C'est avec elle que tu vis le plus longtemps, au moment où tu es le plus malléable. Elle a beaucoup d'importance dans la construction de ta manière de penser et d'agir car c'est là que tu apprends, sans même le savoir, des schémas de comportements que tu reproduiras toute ta vie.

Tu ne peux pas te passer de ta famille mais tu as toujours la possibilité d'aller chercher auprès d'autres adultes (oncles, tantes, copains des parents, voisins, parents de tes copains, enseignants, etc.) ce que tu n'arrives pas à trouver dans la tienne.

• Entre nous • Entre nous • Entre nous •

Quelle horreur ! Je suis moche sur cette photo !
PHOTO DE CLASSE
Pfffff... Je suis nulle ! Je comprends rien à cet exercice...
À la sortie des cours...
Cet après-midi, je vais au ciné avec ma mère, et après, on va sûrement faire du shopping !
T'as trop de chance ; moi, je vais m'ennuyer, toute seule à la maison...
COMPLEXES
TROP MOCHE
SOLITUDE
MAL DANS MA PEAU
TRISTESSE
NULLE
IDÉES NOIRES

CHAPITRE 5

Je ne m'en sors pas tout seul

Au gré des pages que tu viens de lire, tu as pu piocher çà et là des conseils pour t'aider à te débarrasser des complexes qui te gâchent la vie et t'empêchent d'avancer sereinement au quotidien. Ces solutions, tu les as peut-être tentées, sans succès, ou bien tu n'as même pas osé les essayer et, du coup, tu souffres toujours autant. Tu ne t'en sors pas tout seul. Il n'est pas question de désespérer : voyons d'abord ce que tu ne dois pas faire pour comprendre ensuite ce que tu peux faire d'autre !

Les mauvaises solutions

• Stop, l'asticot !

Tu n'es jamais tranquille, toujours en train de tripoter quelque chose, tu fais tout tomber, tu parles en même temps que le prof et tu finis par agacer tout le monde. Aussi, tu es toujours tout seul alors que tu cherches, en fait, à attirer l'attention. En étant « hyperactif », tu obtiens finalement le contraire de ce que tu souhaites.

• Le clown qui ne fait pas rire

Tu essaies de faire rigoler les autres pour les séduire, même si tu dois, pour ça, jouer les imbéciles. Ne cache pas ta tristesse derrière des pitreries qui pourraient te ridiculiser aux yeux des autres. Là encore, ton comportement provoque l'effet inverse de ce que tu veux.

• La déprime qui isole

Comme tu n'arrives pas à te sentir bien en groupe, tu t'enfermes dans le silence et dans la solitude. Tu deviens triste, tu as des idées noires, tu te ressens encore plus différent des autres et tu as encore plus de complexes, ça devient un cercle vicieux dans lequel il ne faut pas t'enfermer.

Parler d'abord

• Parler pour partager

Si tu parles de tes complexes avec une personne qui veut bien t'aider, tu te sentiras moins seul. Ne t'enferme pas dans ton malheur, choisis quelqu'un en qui tu as confiance et parle-lui, le plus naturellement du monde, de ce qui t'encombre.
Après, tes soucis prendront une plus petite place dans ta vie. Si tu penses à ça tout seul dans ton coin, tu vas tourner en rond et tu vas avoir mal ; si tu en parles, ce sera comme si tu faisais le ménage dans ta tête, tu seras soulagé. Ça ne veut pas dire qu'il faut en parler tout le temps et à tout le monde.

• Avec les copains

Commence par eux, c'est le plus facile, car ils sont proches de toi. Souvent, vous éprouvez, sans le savoir, les mêmes choses. C'est quand même rassurant de constater que les souffrances que tu vis ne sont ni extraordinaires ni exceptionnelles. Ce sera pour toi l'occasion de réaliser que les autres aussi ont des problèmes et ils te diront quelles solutions ils ont trouvées pour les résoudre.

• Avec un adulte

Choisis quelqu'un dont tu te sens proche, dans ta famille (ta mère, ton oncle), dans le milieu scolaire (un prof, un conseiller d'éducation) ou même dans la vie (une amie de ta mère, ton prof de judo). Attends le bon moment pour qu'il soit disponible et explique-lui ce qui ne va pas. Il a été un enfant avant de devenir adulte et se souvient des difficultés rencontrées à ton âge. Il pourra te faire part de son expérience et te donner des conseils.

Parler encore mais...

Si, malgré tout cela, tu continues à souffrir de tes complexes, je te conseille de rencontrer un psy pour faire une psychothérapie. Il te donnera l'occasion de parler, peut-être en jouant ou en dessinant avec toi. Il t'aidera à chercher, à comprendre comment et pourquoi les complexes dont tu souffres se sont installés dans ta vie. Il t'accompagnera pour changer et t'aidera à y parvenir.

> Je ne veux pas voir un psy parce que mes copains pensent que tous ceux qui vont les voir sont barjots. Ça voudrait dire que je ne suis pas comme les autres.
>
> Julie, 10 ans

D'abord, tu n'es pas forcée d'en parler à tout le monde ! Et puis, ceux qui consultent sont ceux qui veulent changer leur vie, ce ne sont pas forcément ceux qui sont le plus en difficulté.

… à un psychothérapeute

Cher docteur,
Quand j'étais en CM2, je suis venu vous voir tous les mercredis pendant un an, parce que j'étais vraiment trop timide. J'ai eu du mal au début, parce que je n'osais pas vous parler. Je n'avais vraiment pas confiance en moi. Je crois que vous m'avez d'abord apprivoisé et puis vous m'avez fait rire de ma peur. Maintenant je fais partie du club théâtre au collège et on m'a confié l'un des premiers rôles. Je suis très fier. Merci.

Thomas, 11 ans

Une psychothérapie, ça peut non seulement t'aider à devenir aussi à l'aise que les autres mais ça peut aussi te permettre de trouver l'occasion de devenir meilleur.

Adèle, ça ne va pas? Tu as l'air toute triste depuis quelque temps.
C'est vrai que ça ne va pas très fort... Je me sens nulle.
Maman, tu connais bien la mère d'Adèle. Tu pourrais peut-être lui expliquer que sa fille n'a pas du tout le moral en ce moment.
Bien sûr, Adèle! Ne t'en fais pas! Je m'en occupe.
... Adèle est mal dans sa peau. Elle ne sourit plus beaucoup.
Il est temp de réagir. Je vais lui parler puis peut-être l'emmener voir un psy.
Allez, ma chérie, tu vis un moment difficile. Nous allons tout faire pour que ça s'arrange.

MÉMO COMPLICE

Les solutions à tes problèmes sont en toi.
Fais-toi aider pour les révéler et pour les résoudre.
N'attends pas tout de ton entourage, car ce ne sont
ni tes copains ni les adultes qui vont agir à ta place.
Il te faudra décider de changer quelque chose
pour transformer ta vie. Ça peut prendre du temps,
ne te décourage pas, mais surtout n'imagine pas que c'est
le monde qui t'entoure qui va changer. En apprenant
à t'accepter et à prendre confiance en toi, tu seras
plus à ton aise et tellement plus heureux.

CONCLUSION

Sois zen et accepte ce qui ne dépend pas de toi.

Ça ne sert à rien de te révolter contre ce qui est inévitable. Il y a vraiment beaucoup de choses qui ne dépendent pas de toi, par exemple ton milieu familial et tout ce qu'il t'a transmis, que ce soit au niveau physique, au niveau de l'éducation ou du comportement. C'est vraiment dur de t'accepter comme tu es, mais, si tu sais reconnaître tes limites, tu pourras aussi voir là où tu es meilleur que les autres et exploiter tes qualités.

Mets ta volonté en marche comme un rouleau compresseur et lutte pour changer ce qui dépend de toi.
Comprendre ce qui ne va pas, pourquoi ça ne va pas, savoir ce qu'il faut faire pour améliorer la situation, c'est bien mais ce n'est pas suffisant. Il faut aussi agir, bousculer tes habitudes et modifier ton comportement.

COMPLICE

Il faudra mettre
en œuvre ta volonté. Si tu veux
perdre du poids, devenir populaire
au collège, redresser tes dents, il faut agir…
commencer le sport, vaincre ta timidité, aller voir
un dentiste. Fixe une date, parles-en autour de toi
pour avoir des témoins de tes décisions. Tu te sentiras
ensuite soutenu dans les engagements que tu prends
vis-à-vis de toi-même.
Si, malgré tout, tu ne t'en sors pas tout seul, n'hésite pas
à entamer une psychothérapie. Cela demande du temps
et du courage : il faut oser la démarche et surtout tenir bon.
Si tu vois ton psy une fois par semaine pendant des mois,
tu rencontreras sûrement des difficultés qui te donneront
envie d'arrêter. Or c'est à ce moment-là qu'il faudra
t'accrocher et continuer. Si tu es combatif, tu pourras
ensuite t'engager dans des aventures
que d'autres laisseront de côté.

Vive toi!